Diseños en el parque

Bela Davis

Abdo Kids Junior es una
subdivisión de Abdo Kids
abdobooks.com

¡DISEÑOS DIVERTIDOS!

Abdo
Kids

abdobooks.com

Published by Abdo Kids, a division of ABDO, P.O. Box 398166, Minneapolis, Minnesota 55439.
Copyright © 2019 by Abdo Consulting Group, Inc. International copyrights reserved in all countries.
No part of this book may be reproduced in any form without written permission from the publisher.
Abdo Kids Junior™ is a trademark and logo of Abdo Kids.

Printed in the United States of America, North Mankato, Minnesota.

102018

012019

THIS BOOK CONTAINS
RECYCLED MATERIALS

Spanish Translator: Maria Puchol

Photo Credits: iStock, Shutterstock

Production Contributors: Teddy Borth, Jennie Forsberg, Grace Hansen

Design Contributors: Christina Doffing, Candice Keimig, Dorothy Toth

Library of Congress Control Number: 2018953853

Publisher's Cataloging-in-Publication Data

Names: Davis, Bela, author.

Title: Diseños en el parque / by Bela Davis.

Other title: Patterns at the park

Description: Minneapolis, Minnesota : Abdo Kids, 2019 | Series: ¡Diseños
    divertidos! | Includes online resources and index.

Identifiers: ISBN 9781532183744 (lib. bdg.) | ISBN 9781641857161 (pbk.) | ISBN 9781532184826 (ebook)

Subjects: LCSH: Pattern perception--Juvenile literature. | Parks--Juvenile
    literature. | Mathematics--Miscellanea--Juvenile literature. | Spanish language
    materials--Juvenile literature.

Classification: DDC 006.4--dc23

Contenido

Diseños en el parque

Hay diseños por todas partes.

¡Incluso en los parques!

Un diseño con elementos repetidos en un orden es un patrón. Los patrones pueden crearse de muchas cosas diferentes.

Una escalera de cuerda
tiene muchos cuadrados.
Es un patrón.

Algunos parques tienen el juego de **tres en línea**. Forman patrones con las letras X y O.

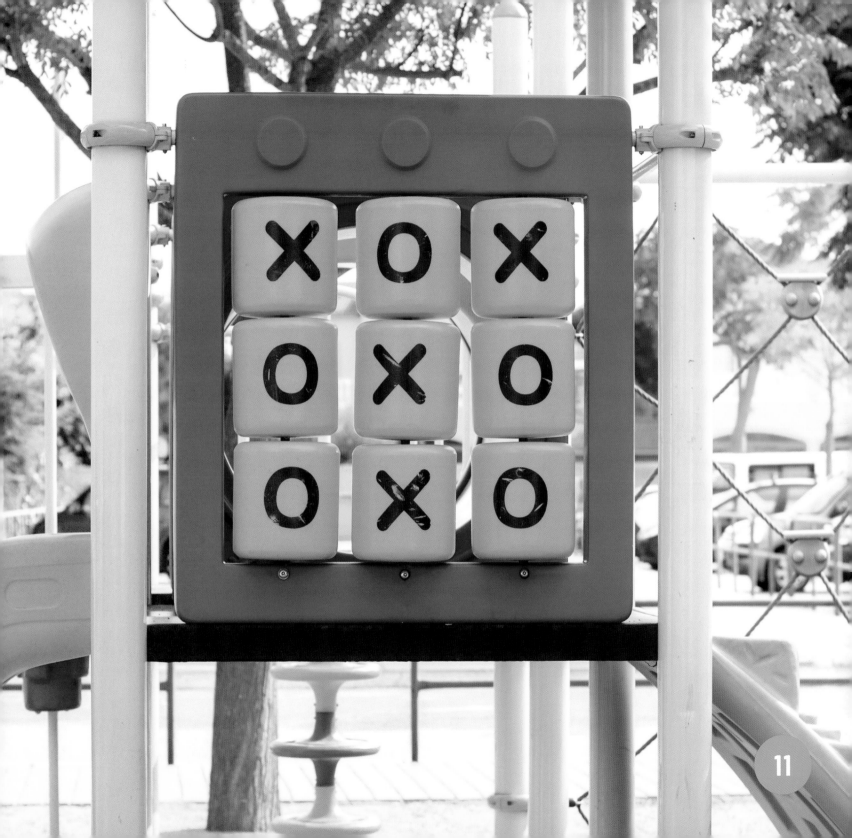

Una banca tiene tablas horizontales. ¡Es un buen lugar para sentarse!

Los toboganes pueden formar patrones de colores. Rojo, amarillo, rojo, amarillo.

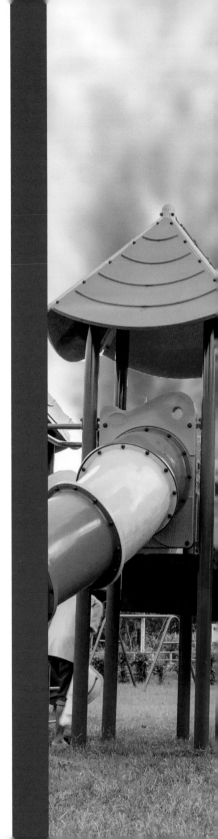

El pasamanos del columpio forma un patrón también. Ken se columpia con los brazos.

Los papalotes pueden tener un patrón. **Planean** muy alto en el cielo.

18

Mira a tu alrededor. ¿Qué ves?

Algunos tipos de patrones

patrón de colores

patrón con objetos

patrón según la posición

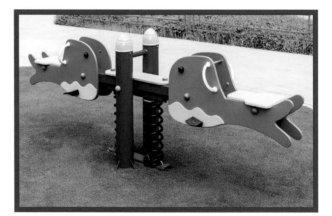

patrón simétrico

Glosario

planear
volar de una manera suave y ágil.

tres en línea
juego para dos jugadores donde se turnan haciendo una X o una O en un tablero de nueve casillas.

Índice

Abdo Kids ONLINE

FREE! ONLINE MULTIMEDIA RESOURCES

¡Visita nuestra página abdokids.com y usa este código para tener acceso a juegos, manualidades, videos y mucho más!

Código Abdo Kids:
PPK7948